CATALOGUE

DE

DESSINS ET TABLEAUX

par

FORAIN, LUNEL, STEINLEN, BERNIER, CAUCHOIS
DAUBINY, DELTOMBE, GARNIER, GUILLAUMIN, L. LEMAIRE
PHILIPPOTEAUX, ROUBY, TATTEGRAIN, ETC.

BEAUX MARBRES

Buste d'après Lemoine

PENDULE EN BRONZE DE CARPEAUX

Porcelaines, Bronzes d'ameublement

MEUBLES ANCIENS ET DE STYLE

TAPIS

dont la vente aura lieu

HOTEL DROUOT, SALLE N° 11

Le Lundi 16 Février 1903, à 2 heures 1/4

Mᶜ F. LAIR-DUBREUIL	**M. Arthur BLOCHE**
COMMISSAIRE-PRISEUR	EXPERT PRÈS LA COUR D'APPEL
6, *Rue de Hanovre*	28, *Rue de Châteaudun*, 28

Chez lesquels se distribue le présent catalogue

EXPOSITION PUBLIQUE : LE DIMANCHE 15 FÉVRIER 1903

DE 2 HEURES A 5 HEURES 1/2

CONDITIONS DE LA VENTE

La vente sera faite expressément au comptant.

Les acquéreurs paieront 10 o/o en sus des adjudications.

L'exposition mettant le public à même de se rendre compte de l'état des objets, il ne sera admis aucune réclamation une fois l'adjudication prononcée

Paris. — Impr. C. Chautour, 8-10, rue Milton.

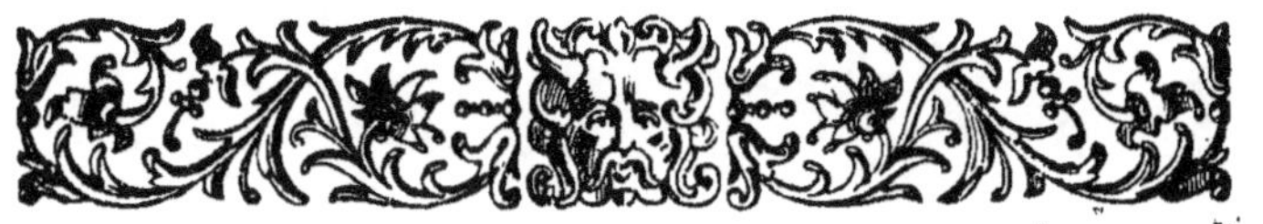

DESIGNATION

DESSINS

BIGNE (De la)

1 — L'Attaque des Bavarois.

2 — Le Mur crènelé. (Deux dessins à la plume, d'après Ed. Detaille).

FORAIN (1875)

3 — L'Homme galant, (Dessin à la plume).

4 — Scène de la rue. (Dessin à la plume).

5-7 — Canotiers nouveau jeu. (Trois dessins plume et aquarelle).

8-9 — Canotiers vieux jeu. (Deux dessins plume et aquarelle).

10 — Au Parc Monceau. (Plume et aquarelle).

11 — Portrait charge de M. A. de S. (Plume et aquarelle).

12 — Trois croquis à la plume.

GREUZE (Attribué à)

13 — Jeune fille la tête baissée. (Sanguine).

LUNEL (Fernand 1887)

14 — Croisière forcée. Les Docks de Liverpool.

15 — Une voile à l'horizon.

16 — Déjeûner dans la cabine.

17 — Duel à bord.

18 — Le Mail-coach.

19 — Duo sympathique.

20 — Aveu pressant.

21 — Trois gommeux.

22 — Cerf sous bois.

23 — Soirée en ville.

53 — L'Aurore aux doigts de rose.

54 — Diane braconnière.

55 — Petite cause, grand effet.

56 — Pris au change.

57 — Meute hors de la voie.

58 — Sous le gui de Noël. (Dessins à la plume).

ÉCOLE FLAMANDE

59 — Paysage avec cours d'eau. (Mine de plomb).

TABLEAUX
AQUARELLES, PASTELS, GRAVURES

BAILLARD

60 — Pommiers en fleurs.

61. — Les gerbes de blé.

BERNIER

62 — Le labour.

63 — Paysan hersant un champ labouré.

BLONDEAU

64 — La Maison des roches des Pourchettes à Nice.

65 — Le Boison à la frontière Franco-Italienne.

CAUCHOIS (H).

66 — Nature morte. (Melons Pèches et orfèvrerie).

CLAUDE (Eugène)

67 — Nature morte. Prunes.

COMBES

68 — Soldats du 33e Régiment de ligne.

DAMERON

69 — La Vache blanche.

DAUBIGNY (?)

70 — Chemin à Anvers. (Porte une signature à gauche et la date 1862.

DELTOMBE

71 — Le Verger.

72 — Le Potager.

73 — Les Sapins.

74 — La ferme.

FRANCE (J).

75 — Portrait de femme décolletée avec rose dans les cheveux.

GARNIER (Jules)

76 — Pour l'illustration de Rabelais.

GUILLAUMIN

77 — L'Enclos.

HENNER (Attribué à)

78 — L'Eglogue.

LEMAIRE (L.)

79 — Paysage.

LORIS

80 — Paysage avec cours d'eau.

MURILLO (Attribué à)

81 — Le Petit Marchand de gâteaux.

NARDI

82 — Paysage-Marine.

PHILIPPOTEAUX

83 — Louis XV enfant visitant le champ de bataille de Fontenoy (Esquisse).

PERRONNEAU (Attribué à)

84 — Portrait d'homme (beau pastel).

RICARD

85 — Tête de jeune fille.

ROUBY

86 — Nature morte : Pêches, Prunes. Théière, etc., etc.

ROYER (Lionel)

87 — La récolte du varech.

TATTEGRAIN

88 — Etude pour les bouches inutiles (dédicace à gauche et signature).

VERCHAIN

89 — Le Tombeau de Chateaubriand à Saint-Mâlo.

90 — Lisière du bois de Fontenay (deux aquarelles).

ZIÉGLER

91 — Le Songe de Saint Luc.

ZUBBER (d'après)

92 — Marine.

93 — Gravure ancienne d'après PIERRE : les Forges de Vulcain.

94 — Gravure ancienné d'après GREUZE : la Belle mère.

95 — Dessin de l'Ecole du Ier Empire.

96 — Deux gravures anciennes d'après BERGHEM : Paysages avec figures et animaux.

MEUBLES

97 — Ameublement de salon en bois sculpté rechampi de gris, époque Louis XV, couvert en soie fond saumon brochée à fleurs et festons de rubans composé d'un canapé et quatre fauteuils.

98 — Meuble d'entredeux formant étagère à fond de glace en bois d'acajou, garni de bronzes ciselés à draperies, dessus **en marbre** blanc. Style Louis XVI.

99 — Paravent en bois sculpté et doré, le haut orné de guirlandes de fleurs et de flèches sur fond de glace, le bas en soierie rayée et brochée à fleurs. Style Louis XVI.

100-101 — Quatre petites chaises en bois sculpté et doré foncées de canne dorée. Style Louis XVI.

102 — Petite table en marqueterie de bois de rose et palissandre, dessin à petits damiers garnis de bronzes dorés, style XVIIIe siècle.

103 — Cabinet en fines incrustations et marqueterie de bois de couleur et de nacre, xviiie siècle.

104 — Meuble de salon composé d'un canapé,
deux fauteuils et deux chaises en bois sculpté
couvert en soierie brochée. Style xviiie siècle.

105 — Petite table ronde en bois sculpté et doré à
draperie Louis XVI, dessus en marbre brèche
violette.

106 — Table-toilette en acajou cannelé de cuivre,
intérieur en marbre blanc. Epoque Louis XVI.

107 — Quatre tabourets ovales en bois d'acajou
garnis de soierie, fin xviiie siècle.

108 — Bureau-ministre en bois laqué blanc.

109 — Banquette bretonne avec dossier, en bois
sculpté.

110 — Coffre en bois sculpté.

OBJETS D'ART

111 — Très beau buste en marbre blanc : Madame de Châteauroux, d'après LEMOINE, la gorge légèrement cachée par une élégante draperie socle en marbre de couleur.

112 — Jolie statue en marbre : la Nymphe au papillon.

113 — Buste de femme romaine en marbre blanc, avec peplum en marbre brèche de Syrie.

114 — Paire de grands vases forme rouleaux, décor en émaux de couleur à personnages et ornements.

115 — Pendule en bronze ciselé et doré représentant un groupe de nymphes et d'amours, sur socle en marbre blanc. OEuvre de CARPEAUX.

116 — Paire de flambeaux en bronze doré à figures d'enfants.

117 — Deux grosses potiches en porcelaine de Chine, fond jaune impérial, décoré de dragons et arbustes fleuris.

118 — Paire de petits vases en porcelaine de Chine, décor en blanc sur fond bleu.

119 — Paire de vases en craquelé de Chine, avec dragons d'or en relief.

120 — Buste de femme en terre cuite, signé CARRIER-BELLEUSE.

121 — Paire de chenêts en bronze : lions couchés sur balustrades. Style Louis XVI.

122 — Statuette en biscuit : la Pavane.

123 — Paire de vases en porcelaine de Chine, décor à personnages.

124 — Paire de petits flambeaux en bronze doré à rocailles Louis XV.

125 — Deux petits Flamands assis, en bronze ciselé, socles en marbre.

126 — Deux statuettes en bronze : faunes coureurs, d'après CLODION.

127 — Statuette bronze : l'Enfant studieux.

128 — Buste en bronze : la Jeunesse, de CERIBELLI.

129 — Suite de quatre médaillons en ivoire
sculpté à sujets religieux.

130 — Miniature ovale : portrait de femme en
chemisette blanche et corsage bleu.

131 — Trois feuilles d'éventails peintes à fleurs

132 — Assiette en porcelaine de Sèvres, décor à
bouquets de fleurs, bordure à ornements en
bleu.

133 — Assiette en porcelaine décorée représentant la mort du chevalier d'Assas, bordure
gros bleu.

134 — Grande croix en ivoire poli.

135 — Bénitier en métal argenté et émail peint
représentant la Vierge à la chaise, fond de
peluche bleue.

136 — Croix et bénitier en bronze cloisonné sur
fond de velours rouge, encadrement en maro-
quinerie.

137 — Petite applique à tête de chérubin sur fleur
de lys en ivoire sculpté.

138 — Deux petits Christ en ivoire sculpté.

139 — Miniature sur ivoire : Marton la bouquequetière.

140 — Miniature sur ivoire : Mme Récamier, d'après GÉRARD.

141 — Miniature sur ivoire : Mme Molé Raymond, d'après VIGÉE-LEBRUN.

142 — Miniature sur ivoire : La Reine Marie-Antoinette, d'après VIGÉE-LEBRUN.

143 — Miniature sur ivoire : Portrait de femme Louis XVI.

144 — Un violon dans sa boîte.

TAPIS

145-146 — Deux beaux tapis anciens d'Orient à dessin polychrome.

147 — Grande carpette d'Orient fond rouge dessin polychrome.

148 -- Objets omis.